Please Sign In - Thank You

I0397280

Date:_____ Time In:_____ Time Out:_____
Name:_____
Address:_____
Phone:_____ Email: _____
Purpose:_____

Date:_____ Time In:_____ Time Out:_____
Name:_____
Address:_____
Phone:_____ Email: _____
Purpose:_____

Date:_____ Time In:_____ Time Out:_____
Name:_____
Address:_____
Phone:_____ Email: _____
Purpose:_____

Date:_____ Time In:_____ Time Out:_____
Name:_____
Address:_____
Phone:_____ Email: _____
Purpose:_____

Date:_____ Time In:_____ Time Out:_____
Name:_____
Address:_____
Phone:_____ Email: _____
Purpose:_____

Date:_____ Time In:_____ Time Out:_____
Name:_____
Address:_____
Phone:_____ Email: _____
Purpose:_____

Please Sign In - Thank You

Date:_____ Time In:_____ Time Out:_____
Name:_____
Address:_____
Phone:_____ Email: _____
Purpose:_____

Date:_____ Time In:_____ Time Out:_____
Name:_____
Address:_____
Phone:_____ Email: _____
Purpose:_____

Date:_____ Time In:_____ Time Out:_____
Name:_____
Address:_____
Phone:_____ Email: _____
Purpose:_____

Date:_____ Time In:_____ Time Out:_____
Name:_____
Address:_____
Phone:_____ Email: _____
Purpose:_____

Date:_____ Time In:_____ Time Out:_____
Name:_____
Address:_____
Phone:_____ Email: _____
Purpose:_____

Date:_____ Time In:_____ Time Out:_____
Name:_____
Address:_____
Phone:_____ Email: _____
Purpose:_____

Please Sign In - Thank You

Date:_____ Time In:_____ Time Out:_____
Name:_____
Address:_____
Phone:_____ Email: _____
Purpose:_____

Date:_____ Time In:_____ Time Out:_____
Name:_____
Address:_____
Phone:_____ Email: _____
Purpose:_____

Date:_____ Time In:_____ Time Out:_____
Name:_____
Address:_____
Phone:_____ Email: _____
Purpose:_____

Date:_____ Time In:_____ Time Out:_____
Name:_____
Address:_____
Phone:_____ Email: _____
Purpose:_____

Date:_____ Time In:_____ Time Out:_____
Name:_____
Address:_____
Phone:_____ Email: _____
Purpose:_____

Date:_____ Time In:_____ Time Out:_____
Name:_____
Address:_____
Phone:_____ Email: _____
Purpose:_____

Please Sign In - Thank You

Date:_____ Time In:_____ Time Out:_____
Name:_____
Address:_____
Phone:_____ Email: _____
Purpose:_____

Date:_____ Time In:_____ Time Out:_____
Name:_____
Address:_____
Phone:_____ Email: _____
Purpose:_____

Date:_____ Time In:_____ Time Out:_____
Name:_____
Address:_____
Phone:_____ Email: _____
Purpose:_____

Date:_____ Time In:_____ Time Out:_____
Name:_____
Address:_____
Phone:_____ Email: _____
Purpose:_____

Date:_____ Time In:_____ Time Out:_____
Name:_____
Address:_____
Phone:_____ Email: _____
Purpose:_____

Date:_____ Time In:_____ Time Out:_____
Name:_____
Address:_____
Phone:_____ Email: _____
Purpose:_____

Please Sign In - Thank You

Date:_____ Time In:_____ Time Out:_____
Name:_____
Address:_____
Phone:_____ Email: _____
Purpose:_____

Date:_____ Time In:_____ Time Out:_____
Name:_____
Address:_____
Phone:_____ Email: _____
Purpose:_____

Date:_____ Time In:_____ Time Out:_____
Name:_____
Address:_____
Phone:_____ Email: _____
Purpose:_____

Date:_____ Time In:_____ Time Out:_____
Name:_____
Address:_____
Phone:_____ Email: _____
Purpose:_____

Date:_____ Time In:_____ Time Out:_____
Name:_____
Address:_____
Phone:_____ Email: _____
Purpose:_____

Date:_____ Time In:_____ Time Out:_____
Name:_____
Address:_____
Phone:_____ Email: _____
Purpose:_____

Please Sign In - Thank You

Date:_____ Time In:_____ Time Out:_____
Name:_____
Address:_____
Phone:_____ Email:_____
Purpose:_____

Date:_____ Time In:_____ Time Out:_____
Name:_____
Address:_____
Phone:_____ Email:_____
Purpose:_____

Date:_____ Time In:_____ Time Out:_____
Name:_____
Address:_____
Phone:_____ Email:_____
Purpose:_____

Date:_____ Time In:_____ Time Out:_____
Name:_____
Address:_____
Phone:_____ Email:_____
Purpose:_____

Date:_____ Time In:_____ Time Out:_____
Name:_____
Address:_____
Phone:_____ Email:_____
Purpose:_____

Date:_____ Time In:_____ Time Out:_____
Name:_____
Address:_____
Phone:_____ Email:_____
Purpose:_____

Please Sign In - Thank You

Date:_____ Time In:_____ Time Out:_____
Name:_____
Address:_____
Phone:_____ Email: _____
Purpose:_____

Date:_____ Time In:_____ Time Out:_____
Name:_____
Address:_____
Phone:_____ Email: _____
Purpose:_____

Date:_____ Time In:_____ Time Out:_____
Name:_____
Address:_____
Phone:_____ Email: _____
Purpose:_____

Date:_____ Time In:_____ Time Out:_____
Name:_____
Address:_____
Phone:_____ Email: _____
Purpose:_____

Date:_____ Time In:_____ Time Out:_____
Name:_____
Address:_____
Phone:_____ Email: _____
Purpose:_____

Date:_____ Time In:_____ Time Out:_____
Name:_____
Address:_____
Phone:_____ Email: _____
Purpose:_____

Please Sign In - Thank You

Date:_____ Time In:_____ Time Out:_____
Name:_____
Address:_____
Phone:_____ Email:_____
Purpose:_____

Date:_____ Time In:_____ Time Out:_____
Name:_____
Address:_____
Phone:_____ Email:_____
Purpose:_____

Date:_____ Time In:_____ Time Out:_____
Name:_____
Address:_____
Phone:_____ Email:_____
Purpose:_____

Date:_____ Time In:_____ Time Out:_____
Name:_____
Address:_____
Phone:_____ Email:_____
Purpose:_____

Date:_____ Time In:_____ Time Out:_____
Name:_____
Address:_____
Phone:_____ Email:_____
Purpose:_____

Date:_____ Time In:_____ Time Out:_____
Name:_____
Address:_____
Phone:_____ Email:_____
Purpose:_____

Please Sign In - Thank You

Date:_____ Time In:_____ Time Out:_____
Name:_____
Address:_____
Phone:_____ Email: _____
Purpose:_____

Date:_____ Time In:_____ Time Out:_____
Name:_____
Address:_____
Phone:_____ Email: _____
Purpose:_____

Date:_____ Time In:_____ Time Out:_____
Name:_____
Address:_____
Phone:_____ Email: _____
Purpose:_____

Date:_____ Time In:_____ Time Out:_____
Name:_____
Address:_____
Phone:_____ Email: _____
Purpose:_____

Date:_____ Time In:_____ Time Out:_____
Name:_____
Address:_____
Phone:_____ Email: _____
Purpose:_____

Date:_____ Time In:_____ Time Out:_____
Name:_____
Address:_____
Phone:_____ Email: _____
Purpose:_____

Please Sign In - Thank You

Date:_____ Time In:_____ Time Out:_____
Name:_____
Address:_____
Phone:_____ Email: _____
Purpose:_____

Date:_____ Time In:_____ Time Out:_____
Name:_____
Address:_____
Phone:_____ Email: _____
Purpose:_____

Date:_____ Time In:_____ Time Out:_____
Name:_____
Address:_____
Phone:_____ Email: _____
Purpose:_____

Date:_____ Time In:_____ Time Out:_____
Name:_____
Address:_____
Phone:_____ Email: _____
Purpose:_____

Date:_____ Time In:_____ Time Out:_____
Name:_____
Address:_____
Phone:_____ Email: _____
Purpose:_____

Date:_____ Time In:_____ Time Out:_____
Name:_____
Address:_____
Phone:_____ Email: _____
Purpose:_____

Please Sign In - Thank You

Date:_____ Time In:_____ Time Out:_____
Name:_____
Address:_____
Phone:_____ Email: _____
Purpose:_____

Date:_____ Time In:_____ Time Out:_____
Name:_____
Address:_____
Phone:_____ Email: _____
Purpose:_____

Date:_____ Time In:_____ Time Out:_____
Name:_____
Address:_____
Phone:_____ Email: _____
Purpose:_____

Date:_____ Time In:_____ Time Out:_____
Name:_____
Address:_____
Phone:_____ Email: _____
Purpose:_____

Date:_____ Time In:_____ Time Out:_____
Name:_____
Address:_____
Phone:_____ Email: _____
Purpose:_____

Date:_____ Time In:_____ Time Out:_____
Name:_____
Address:_____
Phone:_____ Email: _____
Purpose:_____

Please Sign In - Thank You

Date:_____ Time In:_____ Time Out:_____
Name:_____
Address:_____
Phone:_____ Email: _____
Purpose:_____

Date:_____ Time In:_____ Time Out:_____
Name:_____
Address:_____
Phone:_____ Email: _____
Purpose:_____

Date:_____ Time In:_____ Time Out:_____
Name:_____
Address:_____
Phone:_____ Email: _____
Purpose:_____

Date:_____ Time In:_____ Time Out:_____
Name:_____
Address:_____
Phone:_____ Email: _____
Purpose:_____

Date:_____ Time In:_____ Time Out:_____
Name:_____
Address:_____
Phone:_____ Email: _____
Purpose:_____

Date:_____ Time In:_____ Time Out:_____
Name:_____
Address:_____
Phone:_____ Email: _____
Purpose:_____

Please Sign In - Thank You

Date:_____ Time In:_____ Time Out:_____
Name:_____
Address:_____
Phone:_____ Email: _____
Purpose:_____

Date:_____ Time In:_____ Time Out:_____
Name:_____
Address:_____
Phone:_____ Email: _____
Purpose:_____

Date:_____ Time In:_____ Time Out:_____
Name:_____
Address:_____
Phone:_____ Email: _____
Purpose:_____

Date:_____ Time In:_____ Time Out:_____
Name:_____
Address:_____
Phone:_____ Email: _____
Purpose:_____

Date:_____ Time In:_____ Time Out:_____
Name:_____
Address:_____
Phone:_____ Email: _____
Purpose:_____

Date:_____ Time In:_____ Time Out:_____
Name:_____
Address:_____
Phone:_____ Email: _____
Purpose:_____

Please Sign In - Thank You

Date:_____ Time In:_____ Time Out:_____
Name:_____
Address:_____
Phone:_____ Email: _____
Purpose:_____

Date:_____ Time In:_____ Time Out:_____
Name:_____
Address:_____
Phone:_____ Email: _____
Purpose:_____

Date:_____ Time In:_____ Time Out:_____
Name:_____
Address:_____
Phone:_____ Email: _____
Purpose:_____

Date:_____ Time In:_____ Time Out:_____
Name:_____
Address:_____
Phone:_____ Email: _____
Purpose:_____

Date:_____ Time In:_____ Time Out:_____
Name:_____
Address:_____
Phone:_____ Email: _____
Purpose:_____

Date:_____ Time In:_____ Time Out:_____
Name:_____
Address:_____
Phone:_____ Email: _____
Purpose:_____

Please Sign In - Thank You

Date:_____ Time In:_____ Time Out:_____
Name:_____
Address:_____
Phone:_____ Email: _____
Purpose:_____

Date:_____ Time In:_____ Time Out:_____
Name:_____
Address:_____
Phone:_____ Email: _____
Purpose:_____

Date:_____ Time In:_____ Time Out:_____
Name:_____
Address:_____
Phone:_____ Email: _____
Purpose:_____

Date:_____ Time In:_____ Time Out:_____
Name:_____
Address:_____
Phone:_____ Email: _____
Purpose:_____

Date:_____ Time In:_____ Time Out:_____
Name:_____
Address:_____
Phone:_____ Email: _____
Purpose:_____

Date:_____ Time In:_____ Time Out:_____
Name:_____
Address:_____
Phone:_____ Email: _____
Purpose:_____

Please Sign In - Thank You

Date:_____ Time In:_____ Time Out:_____
Name:_____
Address:_____
Phone:_____ Email: _____
Purpose:_____

Date:_____ Time In:_____ Time Out:_____
Name:_____
Address:_____
Phone:_____ Email: _____
Purpose:_____

Date:_____ Time In:_____ Time Out:_____
Name:_____
Address:_____
Phone:_____ Email: _____
Purpose:_____

Date:_____ Time In:_____ Time Out:_____
Name:_____
Address:_____
Phone:_____ Email: _____
Purpose:_____

Date:_____ Time In:_____ Time Out:_____
Name:_____
Address:_____
Phone:_____ Email: _____
Purpose:_____

Date:_____ Time In:_____ Time Out:_____
Name:_____
Address:_____
Phone:_____ Email: _____
Purpose:_____

Please Sign In - Thank You

Date:_____ Time In:_____ Time Out:_____
Name:_____
Address:_____
Phone:_____ Email: _____
Purpose:_____

Date:_____ Time In:_____ Time Out:_____
Name:_____
Address:_____
Phone:_____ Email: _____
Purpose:_____

Date:_____ Time In:_____ Time Out:_____
Name:_____
Address:_____
Phone:_____ Email: _____
Purpose:_____

Date:_____ Time In:_____ Time Out:_____
Name:_____
Address:_____
Phone:_____ Email: _____
Purpose:_____

Date:_____ Time In:_____ Time Out:_____
Name:_____
Address:_____
Phone:_____ Email: _____
Purpose:_____

Date:_____ Time In:_____ Time Out:_____
Name:_____
Address:_____
Phone:_____ Email: _____
Purpose:_____

Please Sign In - Thank You

Date:_____ Time In:_____ Time Out:_____
Name:_____
Address:_____
Phone:_____ Email:_____
Purpose:_____

Date:_____ Time In:_____ Time Out:_____
Name:_____
Address:_____
Phone:_____ Email:_____
Purpose:_____

Date:_____ Time In:_____ Time Out:_____
Name:_____
Address:_____
Phone:_____ Email:_____
Purpose:_____

Date:_____ Time In:_____ Time Out:_____
Name:_____
Address:_____
Phone:_____ Email:_____
Purpose:_____

Date:_____ Time In:_____ Time Out:_____
Name:_____
Address:_____
Phone:_____ Email:_____
Purpose:_____

Date:_____ Time In:_____ Time Out:_____
Name:_____
Address:_____
Phone:_____ Email:_____
Purpose:_____

Please Sign In - Thank You

Date:_____ Time In:_____ Time Out:_____
Name:_____
Address:_____
Phone:_____ Email: _____
Purpose:_____

Date:_____ Time In:_____ Time Out:_____
Name:_____
Address:_____
Phone:_____ Email: _____
Purpose:_____

Date:_____ Time In:_____ Time Out:_____
Name:_____
Address:_____
Phone:_____ Email: _____
Purpose:_____

Date:_____ Time In:_____ Time Out:_____
Name:_____
Address:_____
Phone:_____ Email: _____
Purpose:_____

Date:_____ Time In:_____ Time Out:_____
Name:_____
Address:_____
Phone:_____ Email: _____
Purpose:_____

Date:_____ Time In:_____ Time Out:_____
Name:_____
Address:_____
Phone:_____ Email: _____
Purpose:_____

Please Sign In - Thank You

Date:_____ Time In:_____ Time Out:_____
Name:_____
Address:_____
Phone:_____ Email: _____
Purpose:_____

Date:_____ Time In:_____ Time Out:_____
Name:_____
Address:_____
Phone:_____ Email: _____
Purpose:_____

Date:_____ Time In:_____ Time Out:_____
Name:_____
Address:_____
Phone:_____ Email: _____
Purpose:_____

Date:_____ Time In:_____ Time Out:_____
Name:_____
Address:_____
Phone:_____ Email: _____
Purpose:_____

Date:_____ Time In:_____ Time Out:_____
Name:_____
Address:_____
Phone:_____ Email: _____
Purpose:_____

Date:_____ Time In:_____ Time Out:_____
Name:_____
Address:_____
Phone:_____ Email: _____
Purpose:_____

Please Sign In - Thank You

Date:_____ Time In:_____ Time Out:_____
Name:_____
Address:_____
Phone:_____ Email: _____
Purpose:_____

Date:_____ Time In:_____ Time Out:_____
Name:_____
Address:_____
Phone:_____ Email: _____
Purpose:_____

Date:_____ Time In:_____ Time Out:_____
Name:_____
Address:_____
Phone:_____ Email: _____
Purpose:_____

Date:_____ Time In:_____ Time Out:_____
Name:_____
Address:_____
Phone:_____ Email: _____
Purpose:_____

Date:_____ Time In:_____ Time Out:_____
Name:_____
Address:_____
Phone:_____ Email: _____
Purpose:_____

Date:_____ Time In:_____ Time Out:_____
Name:_____
Address:_____
Phone:_____ Email: _____
Purpose:_____

Please Sign In - Thank You

Date:_____ Time In:_____ Time Out:_____
Name:_____
Address:_____
Phone:_____ Email:_____
Purpose:_____

Date:_____ Time In:_____ Time Out:_____
Name:_____
Address:_____
Phone:_____ Email:_____
Purpose:_____

Date:_____ Time In:_____ Time Out:_____
Name:_____
Address:_____
Phone:_____ Email:_____
Purpose:_____

Date:_____ Time In:_____ Time Out:_____
Name:_____
Address:_____
Phone:_____ Email:_____
Purpose:_____

Date:_____ Time In:_____ Time Out:_____
Name:_____
Address:_____
Phone:_____ Email:_____
Purpose:_____

Date:_____ Time In:_____ Time Out:_____
Name:_____
Address:_____
Phone:_____ Email:_____
Purpose:_____

Please Sign In - Thank You

Date:_____ Time In:_____ Time Out:_____
Name:_____
Address:_____
Phone:_____ Email: _____
Purpose:_____

Date:_____ Time In:_____ Time Out:_____
Name:_____
Address:_____
Phone:_____ Email: _____
Purpose:_____

Date:_____ Time In:_____ Time Out:_____
Name:_____
Address:_____
Phone:_____ Email: _____
Purpose:_____

Date:_____ Time In:_____ Time Out:_____
Name:_____
Address:_____
Phone:_____ Email: _____
Purpose:_____

Date:_____ Time In:_____ Time Out:_____
Name:_____
Address:_____
Phone:_____ Email: _____
Purpose:_____

Date:_____ Time In:_____ Time Out:_____
Name:_____
Address:_____
Phone:_____ Email: _____
Purpose:_____

Please Sign In - Thank You

Date:_____ Time In:_____ Time Out:_____
Name:_____
Address:_____
Phone:_____ Email: _____
Purpose:_____

Date:_____ Time In:_____ Time Out:_____
Name:_____
Address:_____
Phone:_____ Email: _____
Purpose:_____

Date:_____ Time In:_____ Time Out:_____
Name:_____
Address:_____
Phone:_____ Email: _____
Purpose:_____

Date:_____ Time In:_____ Time Out:_____
Name:_____
Address:_____
Phone:_____ Email: _____
Purpose:_____

Date:_____ Time In:_____ Time Out:_____
Name:_____
Address:_____
Phone:_____ Email: _____
Purpose:_____

Date:_____ Time In:_____ Time Out:_____
Name:_____
Address:_____
Phone:_____ Email: _____
Purpose:_____

Please Sign In - Thank You

Date:_____ Time In:_____ Time Out:_____
Name:_____
Address:_____
Phone:_____ Email: _____
Purpose:_____

Date:_____ Time In:_____ Time Out:_____
Name:_____
Address:_____
Phone:_____ Email: _____
Purpose:_____

Date:_____ Time In:_____ Time Out:_____
Name:_____
Address:_____
Phone:_____ Email: _____
Purpose:_____

Date:_____ Time In:_____ Time Out:_____
Name:_____
Address:_____
Phone:_____ Email: _____
Purpose:_____

Date:_____ Time In:_____ Time Out:_____
Name:_____
Address:_____
Phone:_____ Email: _____
Purpose:_____

Date:_____ Time In:_____ Time Out:_____
Name:_____
Address:_____
Phone:_____ Email: _____
Purpose:_____

Please Sign In - Thank You

Date:_____ Time In:_____ Time Out:_____
Name:_____
Address:_____
Phone:_____ Email:_____
Purpose:_____

Date:_____ Time In:_____ Time Out:_____
Name:_____
Address:_____
Phone:_____ Email:_____
Purpose:_____

Date:_____ Time In:_____ Time Out:_____
Name:_____
Address:_____
Phone:_____ Email:_____
Purpose:_____

Date:_____ Time In:_____ Time Out:_____
Name:_____
Address:_____
Phone:_____ Email:_____
Purpose:_____

Date:_____ Time In:_____ Time Out:_____
Name:_____
Address:_____
Phone:_____ Email:_____
Purpose:_____

Date:_____ Time In:_____ Time Out:_____
Name:_____
Address:_____
Phone:_____ Email:_____
Purpose:_____

Please Sign In - Thank You

Date:_____ Time In:_____ Time Out:_____
Name:_____
Address:_____
Phone:_____ Email: _____
Purpose:_____

Date:_____ Time In:_____ Time Out:_____
Name:_____
Address:_____
Phone:_____ Email: _____
Purpose:_____

Date:_____ Time In:_____ Time Out:_____
Name:_____
Address:_____
Phone:_____ Email: _____
Purpose:_____

Date:_____ Time In:_____ Time Out:_____
Name:_____
Address:_____
Phone:_____ Email: _____
Purpose:_____

Date:_____ Time In:_____ Time Out:_____
Name:_____
Address:_____
Phone:_____ Email: _____
Purpose:_____

Date:_____ Time In:_____ Time Out:_____
Name:_____
Address:_____
Phone:_____ Email: _____
Purpose:_____

Please Sign In - Thank You

Date:_____ Time In:_____ Time Out:_____
Name:_____
Address:_____
Phone:_____ Email:_____
Purpose:_____

Date:_____ Time In:_____ Time Out:_____
Name:_____
Address:_____
Phone:_____ Email:_____
Purpose:_____

Date:_____ Time In:_____ Time Out:_____
Name:_____
Address:_____
Phone:_____ Email:_____
Purpose:_____

Date:_____ Time In:_____ Time Out:_____
Name:_____
Address:_____
Phone:_____ Email:_____
Purpose:_____

Date:_____ Time In:_____ Time Out:_____
Name:_____
Address:_____
Phone:_____ Email:_____
Purpose:_____

Date:_____ Time In:_____ Time Out:_____
Name:_____
Address:_____
Phone:_____ Email:_____
Purpose:_____

Please Sign In - Thank You

Date:_____ Time In:_____ Time Out:_____
Name:_____
Address:_____
Phone:_____ Email: _____
Purpose:_____

Date:_____ Time In:_____ Time Out:_____
Name:_____
Address:_____
Phone:_____ Email: _____
Purpose:_____

Date:_____ Time In:_____ Time Out:_____
Name:_____
Address:_____
Phone:_____ Email: _____
Purpose:_____

Date:_____ Time In:_____ Time Out:_____
Name:_____
Address:_____
Phone:_____ Email: _____
Purpose:_____

Date:_____ Time In:_____ Time Out:_____
Name:_____
Address:_____
Phone:_____ Email: _____
Purpose:_____

Date:_____ Time In:_____ Time Out:_____
Name:_____
Address:_____
Phone:_____ Email: _____
Purpose:_____

Please Sign In - Thank You

Date:_____ Time In:_____ Time Out:_____
Name:_____
Address:_____
Phone:_____ Email:_____
Purpose:_____

Date:_____ Time In:_____ Time Out:_____
Name:_____
Address:_____
Phone:_____ Email:_____
Purpose:_____

Date:_____ Time In:_____ Time Out:_____
Name:_____
Address:_____
Phone:_____ Email:_____
Purpose:_____

Date:_____ Time In:_____ Time Out:_____
Name:_____
Address:_____
Phone:_____ Email:_____
Purpose:_____

Date:_____ Time In:_____ Time Out:_____
Name:_____
Address:_____
Phone:_____ Email:_____
Purpose:_____

Date:_____ Time In:_____ Time Out:_____
Name:_____
Address:_____
Phone:_____ Email:_____
Purpose:_____

Please Sign In - Thank You

Date:_____ Time In:_____ Time Out:_____
Name:_____
Address:_____
Phone:_____ Email: _____
Purpose:_____

Date:_____ Time In:_____ Time Out:_____
Name:_____
Address:_____
Phone:_____ Email: _____
Purpose:_____

Date:_____ Time In:_____ Time Out:_____
Name:_____
Address:_____
Phone:_____ Email: _____
Purpose:_____

Date:_____ Time In:_____ Time Out:_____
Name:_____
Address:_____
Phone:_____ Email: _____
Purpose:_____

Date:_____ Time In:_____ Time Out:_____
Name:_____
Address:_____
Phone:_____ Email: _____
Purpose:_____

Date:_____ Time In:_____ Time Out:_____
Name:_____
Address:_____
Phone:_____ Email: _____
Purpose:_____

Please Sign In - Thank You

Date:_____ Time In:_____ Time Out:_____
Name:_____
Address:_____
Phone:_____ Email: _____
Purpose:_____

Date:_____ Time In:_____ Time Out:_____
Name:_____
Address:_____
Phone:_____ Email: _____
Purpose:_____

Date:_____ Time In:_____ Time Out:_____
Name:_____
Address:_____
Phone:_____ Email: _____
Purpose:_____

Date:_____ Time In:_____ Time Out:_____
Name:_____
Address:_____
Phone:_____ Email: _____
Purpose:_____

Date:_____ Time In:_____ Time Out:_____
Name:_____
Address:_____
Phone:_____ Email: _____
Purpose:_____

Date:_____ Time In:_____ Time Out:_____
Name:_____
Address:_____
Phone:_____ Email: _____
Purpose:_____

Please Sign In - Thank You

Date:_____ Time In:_____ Time Out:_____
Name:_____
Address:_____
Phone:_____ Email: _____
Purpose:_____

Date:_____ Time In:_____ Time Out:_____
Name:_____
Address:_____
Phone:_____ Email: _____
Purpose:_____

Date:_____ Time In:_____ Time Out:_____
Name:_____
Address:_____
Phone:_____ Email: _____
Purpose:_____

Date:_____ Time In:_____ Time Out:_____
Name:_____
Address:_____
Phone:_____ Email: _____
Purpose:_____

Date:_____ Time In:_____ Time Out:_____
Name:_____
Address:_____
Phone:_____ Email: _____
Purpose:_____

Date:_____ Time In:_____ Time Out:_____
Name:_____
Address:_____
Phone:_____ Email: _____
Purpose:_____

Please Sign In - Thank You

Date:_____ Time In:_____ Time Out:_____
Name:_____
Address:_____
Phone:_____ Email:_____
Purpose:_____

Date:_____ Time In:_____ Time Out:_____
Name:_____
Address:_____
Phone:_____ Email:_____
Purpose:_____

Date:_____ Time In:_____ Time Out:_____
Name:_____
Address:_____
Phone:_____ Email:_____
Purpose:_____

Date:_____ Time In:_____ Time Out:_____
Name:_____
Address:_____
Phone:_____ Email:_____
Purpose:_____

Date:_____ Time In:_____ Time Out:_____
Name:_____
Address:_____
Phone:_____ Email:_____
Purpose:_____

Date:_____ Time In:_____ Time Out:_____
Name:_____
Address:_____
Phone:_____ Email:_____
Purpose:_____

Please Sign In - Thank You

Date:_____ Time In:_____ Time Out:_____
Name:_____
Address:_____
Phone:_____ Email: _____
Purpose:_____

Date:_____ Time In:_____ Time Out:_____
Name:_____
Address:_____
Phone:_____ Email: _____
Purpose:_____

Date:_____ Time In:_____ Time Out:_____
Name:_____
Address:_____
Phone:_____ Email: _____
Purpose:_____

Date:_____ Time In:_____ Time Out:_____
Name:_____
Address:_____
Phone:_____ Email: _____
Purpose:_____

Date:_____ Time In:_____ Time Out:_____
Name:_____
Address:_____
Phone:_____ Email: _____
Purpose:_____

Date:_____ Time In:_____ Time Out:_____
Name:_____
Address:_____
Phone:_____ Email: _____
Purpose:_____

Please Sign In - Thank You

Date:_____ Time In:_____ Time Out:_____
Name:_____
Address:_____
Phone:_____ Email:_____
Purpose:_____

Date:_____ Time In:_____ Time Out:_____
Name:_____
Address:_____
Phone:_____ Email:_____
Purpose:_____

Date:_____ Time In:_____ Time Out:_____
Name:_____
Address:_____
Phone:_____ Email:_____
Purpose:_____

Date:_____ Time In:_____ Time Out:_____
Name:_____
Address:_____
Phone:_____ Email:_____
Purpose:_____

Date:_____ Time In:_____ Time Out:_____
Name:_____
Address:_____
Phone:_____ Email:_____
Purpose:_____

Date:_____ Time In:_____ Time Out:_____
Name:_____
Address:_____
Phone:_____ Email:_____
Purpose:_____

Please Sign In - Thank You

Date:_____ Time In:_____ Time Out:_____
Name:_____
Address:_____
Phone:_____ Email: _____
Purpose:_____

Date:_____ Time In:_____ Time Out:_____
Name:_____
Address:_____
Phone:_____ Email: _____
Purpose:_____

Date:_____ Time In:_____ Time Out:_____
Name:_____
Address:_____
Phone:_____ Email: _____
Purpose:_____

Date:_____ Time In:_____ Time Out:_____
Name:_____
Address:_____
Phone:_____ Email: _____
Purpose:_____

Date:_____ Time In:_____ Time Out:_____
Name:_____
Address:_____
Phone:_____ Email: _____
Purpose:_____

Date:_____ Time In:_____ Time Out:_____
Name:_____
Address:_____
Phone:_____ Email: _____
Purpose:_____

Please Sign In - Thank You

Date:_____ Time In:_____ Time Out:_____
Name:_____
Address:_____
Phone:_____ Email: _____
Purpose:_____

Date:_____ Time In:_____ Time Out:_____
Name:_____
Address:_____
Phone:_____ Email: _____
Purpose:_____

Date:_____ Time In:_____ Time Out:_____
Name:_____
Address:_____
Phone:_____ Email: _____
Purpose:_____

Date:_____ Time In:_____ Time Out:_____
Name:_____
Address:_____
Phone:_____ Email: _____
Purpose:_____

Date:_____ Time In:_____ Time Out:_____
Name:_____
Address:_____
Phone:_____ Email: _____
Purpose:_____

Date:_____ Time In:_____ Time Out:_____
Name:_____
Address:_____
Phone:_____ Email: _____
Purpose:_____

Please Sign In - Thank You

Date:_____ Time In:_____ Time Out:_____
Name:_____
Address:_____
Phone:_____ Email: _____
Purpose:_____

Date:_____ Time In:_____ Time Out:_____
Name:_____
Address:_____
Phone:_____ Email: _____
Purpose:_____

Date:_____ Time In:_____ Time Out:_____
Name:_____
Address:_____
Phone:_____ Email: _____
Purpose:_____

Date:_____ Time In:_____ Time Out:_____
Name:_____
Address:_____
Phone:_____ Email: _____
Purpose:_____

Date:_____ Time In:_____ Time Out:_____
Name:_____
Address:_____
Phone:_____ Email: _____
Purpose:_____

Date:_____ Time In:_____ Time Out:_____
Name:_____
Address:_____
Phone:_____ Email: _____
Purpose:_____

Please Sign In - Thank You

Date:_____ Time In:_____ Time Out:_____
Name:_____
Address:_____
Phone:_____ Email:_____
Purpose:_____

Date:_____ Time In:_____ Time Out:_____
Name:_____
Address:_____
Phone:_____ Email:_____
Purpose:_____

Date:_____ Time In:_____ Time Out:_____
Name:_____
Address:_____
Phone:_____ Email:_____
Purpose:_____

Date:_____ Time In:_____ Time Out:_____
Name:_____
Address:_____
Phone:_____ Email:_____
Purpose:_____

Date:_____ Time In:_____ Time Out:_____
Name:_____
Address:_____
Phone:_____ Email:_____
Purpose:_____

Date:_____ Time In:_____ Time Out:_____
Name:_____
Address:_____
Phone:_____ Email:_____
Purpose:_____

Please Sign In - Thank You

Date:_____ Time In:_____ Time Out:_____
Name:_____
Address:_____
Phone:_____ Email: _____
Purpose:_____

Date:_____ Time In:_____ Time Out:_____
Name:_____
Address:_____
Phone:_____ Email: _____
Purpose:_____

Date:_____ Time In:_____ Time Out:_____
Name:_____
Address:_____
Phone:_____ Email: _____
Purpose:_____

Date:_____ Time In:_____ Time Out:_____
Name:_____
Address:_____
Phone:_____ Email: _____
Purpose:_____

Date:_____ Time In:_____ Time Out:_____
Name:_____
Address:_____
Phone:_____ Email: _____
Purpose:_____

Date:_____ Time In:_____ Time Out:_____
Name:_____
Address:_____
Phone:_____ Email: _____
Purpose:_____

Please Sign In - Thank You

Date:_____ Time In:_____ Time Out:_____
Name:_____
Address:_____
Phone:_____ Email: _____
Purpose:_____

Date:_____ Time In:_____ Time Out:_____
Name:_____
Address:_____
Phone:_____ Email: _____
Purpose:_____

Date:_____ Time In:_____ Time Out:_____
Name:_____
Address:_____
Phone:_____ Email: _____
Purpose:_____

Date:_____ Time In:_____ Time Out:_____
Name:_____
Address:_____
Phone:_____ Email: _____
Purpose:_____

Date:_____ Time In:_____ Time Out:_____
Name:_____
Address:_____
Phone:_____ Email: _____
Purpose:_____

Date:_____ Time In:_____ Time Out:_____
Name:_____
Address:_____
Phone:_____ Email: _____
Purpose:_____

Please Sign In - Thank You

Date:_____ Time In:_____ Time Out:_____
Name:_____
Address:_____
Phone:_____ Email: _____
Purpose:_____

Date:_____ Time In:_____ Time Out:_____
Name:_____
Address:_____
Phone:_____ Email: _____
Purpose:_____

Date:_____ Time In:_____ Time Out:_____
Name:_____
Address:_____
Phone:_____ Email: _____
Purpose:_____

Date:_____ Time In:_____ Time Out:_____
Name:_____
Address:_____
Phone:_____ Email: _____
Purpose:_____

Date:_____ Time In:_____ Time Out:_____
Name:_____
Address:_____
Phone:_____ Email: _____
Purpose:_____

Date:_____ Time In:_____ Time Out:_____
Name:_____
Address:_____
Phone:_____ Email: _____
Purpose:_____

Please Sign In - Thank You

Date:_____ Time In:_____ Time Out:_____
Name:_____
Address:_____
Phone:_____ Email: _____
Purpose:_____

Date:_____ Time In:_____ Time Out:_____
Name:_____
Address:_____
Phone:_____ Email: _____
Purpose:_____

Date:_____ Time In:_____ Time Out:_____
Name:_____
Address:_____
Phone:_____ Email: _____
Purpose:_____

Date:_____ Time In:_____ Time Out:_____
Name:_____
Address:_____
Phone:_____ Email: _____
Purpose:_____

Date:_____ Time In:_____ Time Out:_____
Name:_____
Address:_____
Phone:_____ Email: _____
Purpose:_____

Date:_____ Time In:_____ Time Out:_____
Name:_____
Address:_____
Phone:_____ Email: _____
Purpose:_____

Please Sign In - Thank You

Date:_____ Time In:_____ Time Out:_____
Name:_____
Address:_____
Phone:_____ Email: _____
Purpose:_____

Date:_____ Time In:_____ Time Out:_____
Name:_____
Address:_____
Phone:_____ Email: _____
Purpose:_____

Date:_____ Time In:_____ Time Out:_____
Name:_____
Address:_____
Phone:_____ Email: _____
Purpose:_____

Date:_____ Time In:_____ Time Out:_____
Name:_____
Address:_____
Phone:_____ Email: _____
Purpose:_____

Date:_____ Time In:_____ Time Out:_____
Name:_____
Address:_____
Phone:_____ Email: _____
Purpose:_____

Date:_____ Time In:_____ Time Out:_____
Name:_____
Address:_____
Phone:_____ Email: _____
Purpose:_____

Please Sign In - Thank You

Date:_____ Time In:_____ Time Out:_____
Name:_____
Address:_____
Phone:_____ Email:_____
Purpose:_____

Date:_____ Time In:_____ Time Out:_____
Name:_____
Address:_____
Phone:_____ Email:_____
Purpose:_____

Date:_____ Time In:_____ Time Out:_____
Name:_____
Address:_____
Phone:_____ Email:_____
Purpose:_____

Date:_____ Time In:_____ Time Out:_____
Name:_____
Address:_____
Phone:_____ Email:_____
Purpose:_____

Date:_____ Time In:_____ Time Out:_____
Name:_____
Address:_____
Phone:_____ Email:_____
Purpose:_____

Date:_____ Time In:_____ Time Out:_____
Name:_____
Address:_____
Phone:_____ Email:_____
Purpose:_____

Please Sign In - Thank You

Date:_____ Time In:_____ Time Out:_____
Name:_____
Address:_____
Phone:_____ Email: _____
Purpose:_____

Date:_____ Time In:_____ Time Out:_____
Name:_____
Address:_____
Phone:_____ Email: _____
Purpose:_____

Date:_____ Time In:_____ Time Out:_____
Name:_____
Address:_____
Phone:_____ Email: _____
Purpose:_____

Date:_____ Time In:_____ Time Out:_____
Name:_____
Address:_____
Phone:_____ Email: _____
Purpose:_____

Date:_____ Time In:_____ Time Out:_____
Name:_____
Address:_____
Phone:_____ Email: _____
Purpose:_____

Date:_____ Time In:_____ Time Out:_____
Name:_____
Address:_____
Phone:_____ Email: _____
Purpose:_____

Please Sign In - Thank You

Date:_____ Time In:_____ Time Out:_____
Name:_____
Address:_____
Phone:_____ Email: _____
Purpose:_____

Date:_____ Time In:_____ Time Out:_____
Name:_____
Address:_____
Phone:_____ Email: _____
Purpose:_____

Date:_____ Time In:_____ Time Out:_____
Name:_____
Address:_____
Phone:_____ Email: _____
Purpose:_____

Date:_____ Time In:_____ Time Out:_____
Name:_____
Address:_____
Phone:_____ Email: _____
Purpose:_____

Date:_____ Time In:_____ Time Out:_____
Name:_____
Address:_____
Phone:_____ Email: _____
Purpose:_____

Date:_____ Time In:_____ Time Out:_____
Name:_____
Address:_____
Phone:_____ Email: _____
Purpose:_____

Please Sign In - Thank You

Date:_____ Time In:_____ Time Out:_____
Name:_____
Address:_____
Phone:_____ Email:_____
Purpose:_____

Date:_____ Time In:_____ Time Out:_____
Name:_____
Address:_____
Phone:_____ Email:_____
Purpose:_____

Date:_____ Time In:_____ Time Out:_____
Name:_____
Address:_____
Phone:_____ Email:_____
Purpose:_____

Date:_____ Time In:_____ Time Out:_____
Name:_____
Address:_____
Phone:_____ Email:_____
Purpose:_____

Date:_____ Time In:_____ Time Out:_____
Name:_____
Address:_____
Phone:_____ Email:_____
Purpose:_____

Date:_____ Time In:_____ Time Out:_____
Name:_____
Address:_____
Phone:_____ Email:_____
Purpose:_____

Please Sign In - Thank You

Date:_____ Time In:_____ Time Out:_____
Name:_____
Address:_____
Phone:_____ Email: _____
Purpose:_____

Date:_____ Time In:_____ Time Out:_____
Name:_____
Address:_____
Phone:_____ Email: _____
Purpose:_____

Date:_____ Time In:_____ Time Out:_____
Name:_____
Address:_____
Phone:_____ Email: _____
Purpose:_____

Date:_____ Time In:_____ Time Out:_____
Name:_____
Address:_____
Phone:_____ Email: _____
Purpose:_____

Date:_____ Time In:_____ Time Out:_____
Name:_____
Address:_____
Phone:_____ Email: _____
Purpose:_____

Date:_____ Time In:_____ Time Out:_____
Name:_____
Address:_____
Phone:_____ Email: _____
Purpose:_____

Please Sign In - Thank You

Date:_____ Time In:_____ Time Out:_____
Name:_____
Address:_____
Phone:_____ Email: _____
Purpose:_____

Date:_____ Time In:_____ Time Out:_____
Name:_____
Address:_____
Phone:_____ Email: _____
Purpose:_____

Date:_____ Time In:_____ Time Out:_____
Name:_____
Address:_____
Phone:_____ Email: _____
Purpose:_____

Date:_____ Time In:_____ Time Out:_____
Name:_____
Address:_____
Phone:_____ Email: _____
Purpose:_____

Date:_____ Time In:_____ Time Out:_____
Name:_____
Address:_____
Phone:_____ Email: _____
Purpose:_____

Date:_____ Time In:_____ Time Out:_____
Name:_____
Address:_____
Phone:_____ Email: _____
Purpose:_____

Please Sign In - Thank You

Date:_____ Time In:_____ Time Out:_____
Name:_____
Address:_____
Phone:_____ Email: _____
Purpose:_____

Date:_____ Time In:_____ Time Out:_____
Name:_____
Address:_____
Phone:_____ Email: _____
Purpose:_____

Date:_____ Time In:_____ Time Out:_____
Name:_____
Address:_____
Phone:_____ Email: _____
Purpose:_____

Date:_____ Time In:_____ Time Out:_____
Name:_____
Address:_____
Phone:_____ Email: _____
Purpose:_____

Date:_____ Time In:_____ Time Out:_____
Name:_____
Address:_____
Phone:_____ Email: _____
Purpose:_____

Date:_____ Time In:_____ Time Out:_____
Name:_____
Address:_____
Phone:_____ Email: _____
Purpose:_____

Please Sign In - Thank You

Date:_____ Time In:_____ Time Out:_____
Name:_____
Address:_____
Phone:_____ Email: _____
Purpose:_____

Date:_____ Time In:_____ Time Out:_____
Name:_____
Address:_____
Phone:_____ Email: _____
Purpose:_____

Date:_____ Time In:_____ Time Out:_____
Name:_____
Address:_____
Phone:_____ Email: _____
Purpose:_____

Date:_____ Time In:_____ Time Out:_____
Name:_____
Address:_____
Phone:_____ Email: _____
Purpose:_____

Date:_____ Time In:_____ Time Out:_____
Name:_____
Address:_____
Phone:_____ Email: _____
Purpose:_____

Date:_____ Time In:_____ Time Out:_____
Name:_____
Address:_____
Phone:_____ Email: _____
Purpose:_____

Please Sign In - Thank You

Date:_____ Time In:_____ Time Out:_____
Name:_____
Address:_____
Phone:_____ Email: _____
Purpose:_____

Date:_____ Time In:_____ Time Out:_____
Name:_____
Address:_____
Phone:_____ Email: _____
Purpose:_____

Date:_____ Time In:_____ Time Out:_____
Name:_____
Address:_____
Phone:_____ Email: _____
Purpose:_____

Date:_____ Time In:_____ Time Out:_____
Name:_____
Address:_____
Phone:_____ Email: _____
Purpose:_____

Date:_____ Time In:_____ Time Out:_____
Name:_____
Address:_____
Phone:_____ Email: _____
Purpose:_____

Date:_____ Time In:_____ Time Out:_____
Name:_____
Address:_____
Phone:_____ Email: _____
Purpose:_____

Please Sign In - Thank You

Date:_____ Time In:_____ Time Out:_____
Name:_____
Address:_____
Phone:_____ Email: _____
Purpose:_____

Date:_____ Time In:_____ Time Out:_____
Name:_____
Address:_____
Phone:_____ Email: _____
Purpose:_____

Date:_____ Time In:_____ Time Out:_____
Name:_____
Address:_____
Phone:_____ Email: _____
Purpose:_____

Date:_____ Time In:_____ Time Out:_____
Name:_____
Address:_____
Phone:_____ Email: _____
Purpose:_____

Date:_____ Time In:_____ Time Out:_____
Name:_____
Address:_____
Phone:_____ Email: _____
Purpose:_____

Date:_____ Time In:_____ Time Out:_____
Name:_____
Address:_____
Phone:_____ Email: _____
Purpose:_____

Please Sign In - Thank You

Date:_____ Time In:_____ Time Out:_____
Name:_____
Address:_____
Phone:_____ Email:_____
Purpose:_____

Date:_____ Time In:_____ Time Out:_____
Name:_____
Address:_____
Phone:_____ Email:_____
Purpose:_____

Date:_____ Time In:_____ Time Out:_____
Name:_____
Address:_____
Phone:_____ Email:_____
Purpose:_____

Date:_____ Time In:_____ Time Out:_____
Name:_____
Address:_____
Phone:_____ Email:_____
Purpose:_____

Date:_____ Time In:_____ Time Out:_____
Name:_____
Address:_____
Phone:_____ Email:_____
Purpose:_____

Date:_____ Time In:_____ Time Out:_____
Name:_____
Address:_____
Phone:_____ Email:_____
Purpose:_____

Please Sign In - Thank You

Date:_____ Time In:_____ Time Out:_____
Name:_____
Address:_____
Phone:_____ Email: _____
Purpose:_____

Date:_____ Time In:_____ Time Out:_____
Name:_____
Address:_____
Phone:_____ Email: _____
Purpose:_____

Date:_____ Time In:_____ Time Out:_____
Name:_____
Address:_____
Phone:_____ Email: _____
Purpose:_____

Date:_____ Time In:_____ Time Out:_____
Name:_____
Address:_____
Phone:_____ Email: _____
Purpose:_____

Date:_____ Time In:_____ Time Out:_____
Name:_____
Address:_____
Phone:_____ Email: _____
Purpose:_____

Date:_____ Time In:_____ Time Out:_____
Name:_____
Address:_____
Phone:_____ Email: _____
Purpose:_____

Please Sign In - Thank You

Date:_____ Time In:_____ Time Out:_____
Name:_____
Address:_____
Phone:_____ Email: _____
Purpose:_____

Date:_____ Time In:_____ Time Out:_____
Name:_____
Address:_____
Phone:_____ Email: _____
Purpose:_____

Date:_____ Time In:_____ Time Out:_____
Name:_____
Address:_____
Phone:_____ Email: _____
Purpose:_____

Date:_____ Time In:_____ Time Out:_____
Name:_____
Address:_____
Phone:_____ Email: _____
Purpose:_____

Date:_____ Time In:_____ Time Out:_____
Name:_____
Address:_____
Phone:_____ Email: _____
Purpose:_____

Date:_____ Time In:_____ Time Out:_____
Name:_____
Address:_____
Phone:_____ Email: _____
Purpose:_____

Please Sign In - Thank You

Date:_____ Time In:_____ Time Out:_____
Name:_____
Address:_____
Phone:_____ Email: _____
Purpose:_____

Date:_____ Time In:_____ Time Out:_____
Name:_____
Address:_____
Phone:_____ Email: _____
Purpose:_____

Date:_____ Time In:_____ Time Out:_____
Name:_____
Address:_____
Phone:_____ Email: _____
Purpose:_____

Date:_____ Time In:_____ Time Out:_____
Name:_____
Address:_____
Phone:_____ Email: _____
Purpose:_____

Date:_____ Time In:_____ Time Out:_____
Name:_____
Address:_____
Phone:_____ Email: _____
Purpose:_____

Date:_____ Time In:_____ Time Out:_____
Name:_____
Address:_____
Phone:_____ Email: _____
Purpose:_____

Please Sign In - Thank You

Date:_____ Time In:_____ Time Out:_____
Name:_____
Address:_____
Phone:_____ Email:_____
Purpose:_____

Date:_____ Time In:_____ Time Out:_____
Name:_____
Address:_____
Phone:_____ Email:_____
Purpose:_____

Date:_____ Time In:_____ Time Out:_____
Name:_____
Address:_____
Phone:_____ Email:_____
Purpose:_____

Date:_____ Time In:_____ Time Out:_____
Name:_____
Address:_____
Phone:_____ Email:_____
Purpose:_____

Date:_____ Time In:_____ Time Out:_____
Name:_____
Address:_____
Phone:_____ Email:_____
Purpose:_____

Date:_____ Time In:_____ Time Out:_____
Name:_____
Address:_____
Phone:_____ Email:_____
Purpose:_____

Please Sign In - Thank You

Date:_____ Time In:_____ Time Out:_____
Name:_____
Address:_____
Phone:_____ Email: _____
Purpose:_____

Date:_____ Time In:_____ Time Out:_____
Name:_____
Address:_____
Phone:_____ Email: _____
Purpose:_____

Date:_____ Time In:_____ Time Out:_____
Name:_____
Address:_____
Phone:_____ Email: _____
Purpose:_____

Date:_____ Time In:_____ Time Out:_____
Name:_____
Address:_____
Phone:_____ Email: _____
Purpose:_____

Date:_____ Time In:_____ Time Out:_____
Name:_____
Address:_____
Phone:_____ Email: _____
Purpose:_____

Date:_____ Time In:_____ Time Out:_____
Name:_____
Address:_____
Phone:_____ Email: _____
Purpose:_____

Please Sign In - Thank You

Date:_____ Time In:_____ Time Out:_____
Name:_____
Address:_____
Phone:_____ Email: _____
Purpose:_____

Date:_____ Time In:_____ Time Out:_____
Name:_____
Address:_____
Phone:_____ Email: _____
Purpose:_____

Date:_____ Time In:_____ Time Out:_____
Name:_____
Address:_____
Phone:_____ Email: _____
Purpose:_____

Date:_____ Time In:_____ Time Out:_____
Name:_____
Address:_____
Phone:_____ Email: _____
Purpose:_____

Date:_____ Time In:_____ Time Out:_____
Name:_____
Address:_____
Phone:_____ Email: _____
Purpose:_____

Date:_____ Time In:_____ Time Out:_____
Name:_____
Address:_____
Phone:_____ Email: _____
Purpose:_____

Please Sign In - Thank You

Date:_____ Time In:_____ Time Out:_____
Name:_____
Address:_____
Phone:_____ Email: _____
Purpose:_____

Date:_____ Time In:_____ Time Out:_____
Name:_____
Address:_____
Phone:_____ Email: _____
Purpose:_____

Date:_____ Time In:_____ Time Out:_____
Name:_____
Address:_____
Phone:_____ Email: _____
Purpose:_____

Date:_____ Time In:_____ Time Out:_____
Name:_____
Address:_____
Phone:_____ Email: _____
Purpose:_____

Date:_____ Time In:_____ Time Out:_____
Name:_____
Address:_____
Phone:_____ Email: _____
Purpose:_____

Date:_____ Time In:_____ Time Out:_____
Name:_____
Address:_____
Phone:_____ Email: _____
Purpose:_____

Please Sign In - Thank You

Date:_____ Time In:_____ Time Out:_____
Name:_____
Address:_____
Phone:_____ Email:_____
Purpose:_____

Date:_____ Time In:_____ Time Out:_____
Name:_____
Address:_____
Phone:_____ Email:_____
Purpose:_____

Date:_____ Time In:_____ Time Out:_____
Name:_____
Address:_____
Phone:_____ Email:_____
Purpose:_____

Date:_____ Time In:_____ Time Out:_____
Name:_____
Address:_____
Phone:_____ Email:_____
Purpose:_____

Date:_____ Time In:_____ Time Out:_____
Name:_____
Address:_____
Phone:_____ Email:_____
Purpose:_____

Date:_____ Time In:_____ Time Out:_____
Name:_____
Address:_____
Phone:_____ Email:_____
Purpose:_____

Please Sign In - Thank You

Date:_____ Time In:_____ Time Out:_____
Name:_____
Address:_____
Phone:_____ Email: _____
Purpose:_____

Date:_____ Time In:_____ Time Out:_____
Name:_____
Address:_____
Phone:_____ Email: _____
Purpose:_____

Date:_____ Time In:_____ Time Out:_____
Name:_____
Address:_____
Phone:_____ Email: _____
Purpose:_____

Date:_____ Time In:_____ Time Out:_____
Name:_____
Address:_____
Phone:_____ Email: _____
Purpose:_____

Date:_____ Time In:_____ Time Out:_____
Name:_____
Address:_____
Phone:_____ Email: _____
Purpose:_____

Date:_____ Time In:_____ Time Out:_____
Name:_____
Address:_____
Phone:_____ Email: _____
Purpose:_____

Please Sign In - Thank You

Date:_____ Time In:_____ Time Out:_____
Name:_____
Address:_____
Phone:_____ Email:_____
Purpose:_____

Date:_____ Time In:_____ Time Out:_____
Name:_____
Address:_____
Phone:_____ Email:_____
Purpose:_____

Date:_____ Time In:_____ Time Out:_____
Name:_____
Address:_____
Phone:_____ Email:_____
Purpose:_____

Date:_____ Time In:_____ Time Out:_____
Name:_____
Address:_____
Phone:_____ Email:_____
Purpose:_____

Date:_____ Time In:_____ Time Out:_____
Name:_____
Address:_____
Phone:_____ Email:_____
Purpose:_____

Date:_____ Time In:_____ Time Out:_____
Name:_____
Address:_____
Phone:_____ Email:_____
Purpose:_____

Please Sign In - Thank You

Date:_____ Time In:_____ Time Out:_____
Name:_____
Address:_____
Phone:_____ Email:_____
Purpose:_____

Date:_____ Time In:_____ Time Out:_____
Name:_____
Address:_____
Phone:_____ Email:_____
Purpose:_____

Date:_____ Time In:_____ Time Out:_____
Name:_____
Address:_____
Phone:_____ Email:_____
Purpose:_____

Date:_____ Time In:_____ Time Out:_____
Name:_____
Address:_____
Phone:_____ Email:_____
Purpose:_____

Date:_____ Time In:_____ Time Out:_____
Name:_____
Address:_____
Phone:_____ Email:_____
Purpose:_____

Date:_____ Time In:_____ Time Out:_____
Name:_____
Address:_____
Phone:_____ Email:_____
Purpose:_____

Please Sign In - Thank You

Date:_____ Time In:_____ Time Out:_____
Name:_____
Address:_____
Phone:_____ Email: _____
Purpose:_____

Date:_____ Time In:_____ Time Out:_____
Name:_____
Address:_____
Phone:_____ Email: _____
Purpose:_____

Date:_____ Time In:_____ Time Out:_____
Name:_____
Address:_____
Phone:_____ Email: _____
Purpose:_____

Date:_____ Time In:_____ Time Out:_____
Name:_____
Address:_____
Phone:_____ Email: _____
Purpose:_____

Date:_____ Time In:_____ Time Out:_____
Name:_____
Address:_____
Phone:_____ Email: _____
Purpose:_____

Date:_____ Time In:_____ Time Out:_____
Name:_____
Address:_____
Phone:_____ Email: _____
Purpose:_____

Please Sign In - Thank You

Date:_____ Time In:_____ Time Out:_____
Name:_____
Address:_____
Phone:_____ Email: _____
Purpose:_____

Date:_____ Time In:_____ Time Out:_____
Name:_____
Address:_____
Phone:_____ Email: _____
Purpose:_____

Date:_____ Time In:_____ Time Out:_____
Name:_____
Address:_____
Phone:_____ Email: _____
Purpose:_____

Date:_____ Time In:_____ Time Out:_____
Name:_____
Address:_____
Phone:_____ Email: _____
Purpose:_____

Date:_____ Time In:_____ Time Out:_____
Name:_____
Address:_____
Phone:_____ Email: _____
Purpose:_____

Date:_____ Time In:_____ Time Out:_____
Name:_____
Address:_____
Phone:_____ Email: _____
Purpose:_____

Please Sign In - Thank You

Date:_____ Time In:_____ Time Out:_____
Name:_____
Address:_____
Phone:_____ Email: _____
Purpose:_____

Date:_____ Time In:_____ Time Out:_____
Name:_____
Address:_____
Phone:_____ Email: _____
Purpose:_____

Date:_____ Time In:_____ Time Out:_____
Name:_____
Address:_____
Phone:_____ Email: _____
Purpose:_____

Date:_____ Time In:_____ Time Out:_____
Name:_____
Address:_____
Phone:_____ Email: _____
Purpose:_____

Date:_____ Time In:_____ Time Out:_____
Name:_____
Address:_____
Phone:_____ Email: _____
Purpose:_____

Date:_____ Time In:_____ Time Out:_____
Name:_____
Address:_____
Phone:_____ Email: _____
Purpose:_____

Please Sign In - Thank You

Date:_____ Time In:_____ Time Out:_____
Name:_____
Address:_____
Phone:_____ Email: _____
Purpose:_____

Date:_____ Time In:_____ Time Out:_____
Name:_____
Address:_____
Phone:_____ Email: _____
Purpose:_____

Date:_____ Time In:_____ Time Out:_____
Name:_____
Address:_____
Phone:_____ Email: _____
Purpose:_____

Date:_____ Time In:_____ Time Out:_____
Name:_____
Address:_____
Phone:_____ Email: _____
Purpose:_____

Date:_____ Time In:_____ Time Out:_____
Name:_____
Address:_____
Phone:_____ Email: _____
Purpose:_____

Date:_____ Time In:_____ Time Out:_____
Name:_____
Address:_____
Phone:_____ Email: _____
Purpose:_____

Please Sign In - Thank You

Date:_____ Time In:_____ Time Out:_____
Name:_____
Address:_____
Phone:_____ Email:_____
Purpose:_____

Date:_____ Time In:_____ Time Out:_____
Name:_____
Address:_____
Phone:_____ Email:_____
Purpose:_____

Date:_____ Time In:_____ Time Out:_____
Name:_____
Address:_____
Phone:_____ Email:_____
Purpose:_____

Date:_____ Time In:_____ Time Out:_____
Name:_____
Address:_____
Phone:_____ Email:_____
Purpose:_____

Date:_____ Time In:_____ Time Out:_____
Name:_____
Address:_____
Phone:_____ Email:_____
Purpose:_____

Date:_____ Time In:_____ Time Out:_____
Name:_____
Address:_____
Phone:_____ Email:_____
Purpose:_____

Please Sign In - Thank You

Date:_____ Time In:_____ Time Out:_____
Name:_____
Address:_____
Phone:_____ Email: _____
Purpose:_____

Date:_____ Time In:_____ Time Out:_____
Name:_____
Address:_____
Phone:_____ Email: _____
Purpose:_____

Date:_____ Time In:_____ Time Out:_____
Name:_____
Address:_____
Phone:_____ Email: _____
Purpose:_____

Date:_____ Time In:_____ Time Out:_____
Name:_____
Address:_____
Phone:_____ Email: _____
Purpose:_____

Date:_____ Time In:_____ Time Out:_____
Name:_____
Address:_____
Phone:_____ Email: _____
Purpose:_____

Date:_____ Time In:_____ Time Out:_____
Name:_____
Address:_____
Phone:_____ Email: _____
Purpose:_____

Please Sign In - Thank You

Date:_____ Time In:_____ Time Out:_____
Name:_____
Address:_____
Phone:_____ Email: _____
Purpose:_____

Date:_____ Time In:_____ Time Out:_____
Name:_____
Address:_____
Phone:_____ Email: _____
Purpose:_____

Date:_____ Time In:_____ Time Out:_____
Name:_____
Address:_____
Phone:_____ Email: _____
Purpose:_____

Date:_____ Time In:_____ Time Out:_____
Name:_____
Address:_____
Phone:_____ Email: _____
Purpose:_____

Date:_____ Time In:_____ Time Out:_____
Name:_____
Address:_____
Phone:_____ Email: _____
Purpose:_____

Date:_____ Time In:_____ Time Out:_____
Name:_____
Address:_____
Phone:_____ Email: _____
Purpose:_____

Please Sign In - Thank You

Date:_____ Time In:_____ Time Out:_____
Name:_____
Address:_____
Phone:_____ Email: _____
Purpose:_____

Date:_____ Time In:_____ Time Out:_____
Name:_____
Address:_____
Phone:_____ Email: _____
Purpose:_____

Date:_____ Time In:_____ Time Out:_____
Name:_____
Address:_____
Phone:_____ Email: _____
Purpose:_____

Date:_____ Time In:_____ Time Out:_____
Name:_____
Address:_____
Phone:_____ Email: _____
Purpose:_____

Date:_____ Time In:_____ Time Out:_____
Name:_____
Address:_____
Phone:_____ Email: _____
Purpose:_____

Date:_____ Time In:_____ Time Out:_____
Name:_____
Address:_____
Phone:_____ Email: _____
Purpose:_____

Please Sign In - Thank You

Date:_____ Time In:_____ Time Out:_____
Name:_____
Address:_____
Phone:_____ Email: _____
Purpose:_____

Date:_____ Time In:_____ Time Out:_____
Name:_____
Address:_____
Phone:_____ Email: _____
Purpose:_____

Date:_____ Time In:_____ Time Out:_____
Name:_____
Address:_____
Phone:_____ Email: _____
Purpose:_____

Date:_____ Time In:_____ Time Out:_____
Name:_____
Address:_____
Phone:_____ Email: _____
Purpose:_____

Date:_____ Time In:_____ Time Out:_____
Name:_____
Address:_____
Phone:_____ Email: _____
Purpose:_____

Date:_____ Time In:_____ Time Out:_____
Name:_____
Address:_____
Phone:_____ Email: _____
Purpose:_____

Please Sign In - Thank You

Date:_____ Time In:_____ Time Out:_____
Name:_____
Address:_____
Phone:_____ Email: _____
Purpose:_____

Date:_____ Time In:_____ Time Out:_____
Name:_____
Address:_____
Phone:_____ Email: _____
Purpose:_____

Date:_____ Time In:_____ Time Out:_____
Name:_____
Address:_____
Phone:_____ Email: _____
Purpose:_____

Date:_____ Time In:_____ Time Out:_____
Name:_____
Address:_____
Phone:_____ Email: _____
Purpose:_____

Date:_____ Time In:_____ Time Out:_____
Name:_____
Address:_____
Phone:_____ Email: _____
Purpose:_____

Date:_____ Time In:_____ Time Out:_____
Name:_____
Address:_____
Phone:_____ Email: _____
Purpose:_____

Please Sign In - Thank You

Date:_____ Time In:_____ Time Out:_____
Name:_____
Address:_____
Phone:_____ Email: _____
Purpose:_____

Date:_____ Time In:_____ Time Out:_____
Name:_____
Address:_____
Phone:_____ Email: _____
Purpose:_____

Date:_____ Time In:_____ Time Out:_____
Name:_____
Address:_____
Phone:_____ Email: _____
Purpose:_____

Date:_____ Time In:_____ Time Out:_____
Name:_____
Address:_____
Phone:_____ Email: _____
Purpose:_____

Date:_____ Time In:_____ Time Out:_____
Name:_____
Address:_____
Phone:_____ Email: _____
Purpose:_____

Date:_____ Time In:_____ Time Out:_____
Name:_____
Address:_____
Phone:_____ Email: _____
Purpose:_____

Please Sign In - Thank You

Date:_____ Time In:_____ Time Out:_____
Name:_____
Address:_____
Phone:_____ Email: _____
Purpose:_____

Date:_____ Time In:_____ Time Out:_____
Name:_____
Address:_____
Phone:_____ Email: _____
Purpose:_____

Date:_____ Time In:_____ Time Out:_____
Name:_____
Address:_____
Phone:_____ Email: _____
Purpose:_____

Date:_____ Time In:_____ Time Out:_____
Name:_____
Address:_____
Phone:_____ Email: _____
Purpose:_____

Date:_____ Time In:_____ Time Out:_____
Name:_____
Address:_____
Phone:_____ Email: _____
Purpose:_____

Date:_____ Time In:_____ Time Out:_____
Name:_____
Address:_____
Phone:_____ Email: _____
Purpose:_____

Please Sign In - Thank You

Date:_____ Time In:_____ Time Out:_____
Name:_____
Address:_____
Phone:_____ Email: _____
Purpose:_____

Date:_____ Time In:_____ Time Out:_____
Name:_____
Address:_____
Phone:_____ Email: _____
Purpose:_____

Date:_____ Time In:_____ Time Out:_____
Name:_____
Address:_____
Phone:_____ Email: _____
Purpose:_____

Date:_____ Time In:_____ Time Out:_____
Name:_____
Address:_____
Phone:_____ Email: _____
Purpose:_____

Date:_____ Time In:_____ Time Out:_____
Name:_____
Address:_____
Phone:_____ Email: _____
Purpose:_____

Date:_____ Time In:_____ Time Out:_____
Name:_____
Address:_____
Phone:_____ Email: _____
Purpose:_____

Please Sign In - Thank You

Date:_____ Time In:_____ Time Out:_____
Name:_____
Address:_____
Phone:_____ Email: _____
Purpose:_____

Date:_____ Time In:_____ Time Out:_____
Name:_____
Address:_____
Phone:_____ Email: _____
Purpose:_____

Date:_____ Time In:_____ Time Out:_____
Name:_____
Address:_____
Phone:_____ Email: _____
Purpose:_____

Date:_____ Time In:_____ Time Out:_____
Name:_____
Address:_____
Phone:_____ Email: _____
Purpose:_____

Date:_____ Time In:_____ Time Out:_____
Name:_____
Address:_____
Phone:_____ Email: _____
Purpose:_____

Date:_____ Time In:_____ Time Out:_____
Name:_____
Address:_____
Phone:_____ Email: _____
Purpose:_____

Please Sign In - Thank You

Date:_____ Time In:_____ Time Out:_____
Name:_____
Address:_____
Phone:_____ Email: _____
Purpose:_____

Date:_____ Time In:_____ Time Out:_____
Name:_____
Address:_____
Phone:_____ Email: _____
Purpose:_____

Date:_____ Time In:_____ Time Out:_____
Name:_____
Address:_____
Phone:_____ Email: _____
Purpose:_____

Date:_____ Time In:_____ Time Out:_____
Name:_____
Address:_____
Phone:_____ Email: _____
Purpose:_____

Date:_____ Time In:_____ Time Out:_____
Name:_____
Address:_____
Phone:_____ Email: _____
Purpose:_____

Date:_____ Time In:_____ Time Out:_____
Name:_____
Address:_____
Phone:_____ Email: _____
Purpose:_____

Please Sign In - Thank You

Date:_____ Time In:_____ Time Out:_____
Name:_____
Address:_____
Phone:_____ Email: _____
Purpose:_____

Date:_____ Time In:_____ Time Out:_____
Name:_____
Address:_____
Phone:_____ Email: _____
Purpose:_____

Date:_____ Time In:_____ Time Out:_____
Name:_____
Address:_____
Phone:_____ Email: _____
Purpose:_____

Date:_____ Time In:_____ Time Out:_____
Name:_____
Address:_____
Phone:_____ Email: _____
Purpose:_____

Date:_____ Time In:_____ Time Out:_____
Name:_____
Address:_____
Phone:_____ Email: _____
Purpose:_____

Date:_____ Time In:_____ Time Out:_____
Name:_____
Address:_____
Phone:_____ Email: _____
Purpose:_____

Please Sign In - Thank You

Date:_____ Time In:_____ Time Out:_____
Name:_____
Address:_____
Phone:_____ Email: _____
Purpose:_____

Date:_____ Time In:_____ Time Out:_____
Name:_____
Address:_____
Phone:_____ Email: _____
Purpose:_____

Date:_____ Time In:_____ Time Out:_____
Name:_____
Address:_____
Phone:_____ Email: _____
Purpose:_____

Date:_____ Time In:_____ Time Out:_____
Name:_____
Address:_____
Phone:_____ Email: _____
Purpose:_____

Date:_____ Time In:_____ Time Out:_____
Name:_____
Address:_____
Phone:_____ Email: _____
Purpose:_____

Date:_____ Time In:_____ Time Out:_____
Name:_____
Address:_____
Phone:_____ Email: _____
Purpose:_____

Please Sign In - Thank You

Date:_____ Time In:_____ Time Out:_____
Name:_____
Address:_____
Phone:_____ Email: _____
Purpose:_____

Date:_____ Time In:_____ Time Out:_____
Name:_____
Address:_____
Phone:_____ Email: _____
Purpose:_____

Date:_____ Time In:_____ Time Out:_____
Name:_____
Address:_____
Phone:_____ Email: _____
Purpose:_____

Date:_____ Time In:_____ Time Out:_____
Name:_____
Address:_____
Phone:_____ Email: _____
Purpose:_____

Date:_____ Time In:_____ Time Out:_____
Name:_____
Address:_____
Phone:_____ Email: _____
Purpose:_____

Date:_____ Time In:_____ Time Out:_____
Name:_____
Address:_____
Phone:_____ Email: _____
Purpose:_____

Please Sign In - Thank You

Date:_____ Time In:_____ Time Out:_____
Name:_____
Address:_____
Phone:_____ Email: _____
Purpose:_____

Date:_____ Time In:_____ Time Out:_____
Name:_____
Address:_____
Phone:_____ Email: _____
Purpose:_____

Date:_____ Time In:_____ Time Out:_____
Name:_____
Address:_____
Phone:_____ Email: _____
Purpose:_____

Date:_____ Time In:_____ Time Out:_____
Name:_____
Address:_____
Phone:_____ Email: _____
Purpose:_____

Date:_____ Time In:_____ Time Out:_____
Name:_____
Address:_____
Phone:_____ Email: _____
Purpose:_____

Date:_____ Time In:_____ Time Out:_____
Name:_____
Address:_____
Phone:_____ Email: _____
Purpose:_____

Please Sign In - Thank You

Date:_____ Time In:_____ Time Out:_____
Name:_____
Address:_____
Phone:_____ Email: _____
Purpose:_____

Date:_____ Time In:_____ Time Out:_____
Name:_____
Address:_____
Phone:_____ Email: _____
Purpose:_____

Date:_____ Time In:_____ Time Out:_____
Name:_____
Address:_____
Phone:_____ Email: _____
Purpose:_____

Date:_____ Time In:_____ Time Out:_____
Name:_____
Address:_____
Phone:_____ Email: _____
Purpose:_____

Date:_____ Time In:_____ Time Out:_____
Name:_____
Address:_____
Phone:_____ Email: _____
Purpose:_____

Date:_____ Time In:_____ Time Out:_____
Name:_____
Address:_____
Phone:_____ Email: _____
Purpose:_____

Please Sign In - Thank You

Date:_____ Time In:_____ Time Out:_____
Name:_____
Address:_____
Phone:_____ Email:_____
Purpose:_____

Date:_____ Time In:_____ Time Out:_____
Name:_____
Address:_____
Phone:_____ Email:_____
Purpose:_____

Date:_____ Time In:_____ Time Out:_____
Name:_____
Address:_____
Phone:_____ Email:_____
Purpose:_____

Date:_____ Time In:_____ Time Out:_____
Name:_____
Address:_____
Phone:_____ Email:_____
Purpose:_____

Date:_____ Time In:_____ Time Out:_____
Name:_____
Address:_____
Phone:_____ Email:_____
Purpose:_____

Date:_____ Time In:_____ Time Out:_____
Name:_____
Address:_____
Phone:_____ Email:_____
Purpose:_____

Please Sign In - Thank You

Date:_____ Time In:_____ Time Out:_____
Name:_____
Address:_____
Phone:_____ Email: _____
Purpose:_____

Date:_____ Time In:_____ Time Out:_____
Name:_____
Address:_____
Phone:_____ Email: _____
Purpose:_____

Date:_____ Time In:_____ Time Out:_____
Name:_____
Address:_____
Phone:_____ Email: _____
Purpose:_____

Date:_____ Time In:_____ Time Out:_____
Name:_____
Address:_____
Phone:_____ Email: _____
Purpose:_____

Date:_____ Time In:_____ Time Out:_____
Name:_____
Address:_____
Phone:_____ Email: _____
Purpose:_____

Date:_____ Time In:_____ Time Out:_____
Name:_____
Address:_____
Phone:_____ Email: _____
Purpose:_____

Please Sign In - Thank You

Date:_____ Time In:_____ Time Out:_____
Name:_____
Address:_____
Phone:_____ Email: _____
Purpose:_____

Date:_____ Time In:_____ Time Out:_____
Name:_____
Address:_____
Phone:_____ Email: _____
Purpose:_____

Date:_____ Time In:_____ Time Out:_____
Name:_____
Address:_____
Phone:_____ Email: _____
Purpose:_____

Date:_____ Time In:_____ Time Out:_____
Name:_____
Address:_____
Phone:_____ Email: _____
Purpose:_____

Date:_____ Time In:_____ Time Out:_____
Name:_____
Address:_____
Phone:_____ Email: _____
Purpose:_____

Date:_____ Time In:_____ Time Out:_____
Name:_____
Address:_____
Phone:_____ Email: _____
Purpose:_____

Please Sign In - Thank You

Date:_____ Time In:_____ Time Out:_____
Name:_____
Address:_____
Phone:_____ Email: _____
Purpose:_____

Date:_____ Time In:_____ Time Out:_____
Name:_____
Address:_____
Phone:_____ Email: _____
Purpose:_____

Date:_____ Time In:_____ Time Out:_____
Name:_____
Address:_____
Phone:_____ Email: _____
Purpose:_____

Date:_____ Time In:_____ Time Out:_____
Name:_____
Address:_____
Phone:_____ Email: _____
Purpose:_____

Date:_____ Time In:_____ Time Out:_____
Name:_____
Address:_____
Phone:_____ Email: _____
Purpose:_____

Date:_____ Time In:_____ Time Out:_____
Name:_____
Address:_____
Phone:_____ Email: _____
Purpose:_____

Please Sign In - Thank You

Date:_____ Time In:_____ Time Out:_____
Name:_____
Address:_____
Phone:_____ Email:_____
Purpose:_____

Date:_____ Time In:_____ Time Out:_____
Name:_____
Address:_____
Phone:_____ Email:_____
Purpose:_____

Date:_____ Time In:_____ Time Out:_____
Name:_____
Address:_____
Phone:_____ Email:_____
Purpose:_____

Date:_____ Time In:_____ Time Out:_____
Name:_____
Address:_____
Phone:_____ Email:_____
Purpose:_____

Date:_____ Time In:_____ Time Out:_____
Name:_____
Address:_____
Phone:_____ Email:_____
Purpose:_____

Date:_____ Time In:_____ Time Out:_____
Name:_____
Address:_____
Phone:_____ Email:_____
Purpose:_____

Please Sign In - Thank You

Date:_____ Time In:_____ Time Out:_____
Name:_____
Address:_____
Phone:_____ Email: _____
Purpose:_____

Date:_____ Time In:_____ Time Out:_____
Name:_____
Address:_____
Phone:_____ Email: _____
Purpose:_____

Date:_____ Time In:_____ Time Out:_____
Name:_____
Address:_____
Phone:_____ Email: _____
Purpose:_____

Date:_____ Time In:_____ Time Out:_____
Name:_____
Address:_____
Phone:_____ Email: _____
Purpose:_____

Date:_____ Time In:_____ Time Out:_____
Name:_____
Address:_____
Phone:_____ Email: _____
Purpose:_____

Date:_____ Time In:_____ Time Out:_____
Name:_____
Address:_____
Phone:_____ Email: _____
Purpose:_____

Please Sign In - Thank You

Date:_____ Time In:_____ Time Out:_____
Name:_____
Address:_____
Phone:_____ Email: _____
Purpose:_____

Date:_____ Time In:_____ Time Out:_____
Name:_____
Address:_____
Phone:_____ Email: _____
Purpose:_____

Date:_____ Time In:_____ Time Out:_____
Name:_____
Address:_____
Phone:_____ Email: _____
Purpose:_____

Date:_____ Time In:_____ Time Out:_____
Name:_____
Address:_____
Phone:_____ Email: _____
Purpose:_____

Date:_____ Time In:_____ Time Out:_____
Name:_____
Address:_____
Phone:_____ Email: _____
Purpose:_____

Date:_____ Time In:_____ Time Out:_____
Name:_____
Address:_____
Phone:_____ Email: _____
Purpose:_____

Please Sign In - Thank You

Date:_____ Time In:_____ Time Out:_____
Name:_____
Address:_____
Phone:_____ Email: _____
Purpose:_____

Date:_____ Time In:_____ Time Out:_____
Name:_____
Address:_____
Phone:_____ Email: _____
Purpose:_____

Date:_____ Time In:_____ Time Out:_____
Name:_____
Address:_____
Phone:_____ Email: _____
Purpose:_____

Date:_____ Time In:_____ Time Out:_____
Name:_____
Address:_____
Phone:_____ Email: _____
Purpose:_____

Date:_____ Time In:_____ Time Out:_____
Name:_____
Address:_____
Phone:_____ Email: _____
Purpose:_____

Date:_____ Time In:_____ Time Out:_____
Name:_____
Address:_____
Phone:_____ Email: _____
Purpose:_____

Please Sign In - Thank You

Date:_____ Time In:_____ Time Out:_____
Name:_____
Address:_____
Phone:_____ Email:_____
Purpose:_____

Date:_____ Time In:_____ Time Out:_____
Name:_____
Address:_____
Phone:_____ Email:_____
Purpose:_____

Date:_____ Time In:_____ Time Out:_____
Name:_____
Address:_____
Phone:_____ Email:_____
Purpose:_____

Date:_____ Time In:_____ Time Out:_____
Name:_____
Address:_____
Phone:_____ Email:_____
Purpose:_____

Date:_____ Time In:_____ Time Out:_____
Name:_____
Address:_____
Phone:_____ Email:_____
Purpose:_____

Date:_____ Time In:_____ Time Out:_____
Name:_____
Address:_____
Phone:_____ Email:_____
Purpose:_____

Please Sign In - Thank You

Date:_____ Time In:_____ Time Out:_____
Name:_____
Address:_____
Phone:_____ Email: _____
Purpose:_____

Date:_____ Time In:_____ Time Out:_____
Name:_____
Address:_____
Phone:_____ Email: _____
Purpose:_____

Date:_____ Time In:_____ Time Out:_____
Name:_____
Address:_____
Phone:_____ Email: _____
Purpose:_____

Date:_____ Time In:_____ Time Out:_____
Name:_____
Address:_____
Phone:_____ Email: _____
Purpose:_____

Date:_____ Time In:_____ Time Out:_____
Name:_____
Address:_____
Phone:_____ Email: _____
Purpose:_____

Date:_____ Time In:_____ Time Out:_____
Name:_____
Address:_____
Phone:_____ Email: _____
Purpose:_____

Please Sign In - Thank You

Date:_____ Time In:_____ Time Out:_____
Name:_____
Address:_____
Phone:_____ Email: _____
Purpose:_____

Date:_____ Time In:_____ Time Out:_____
Name:_____
Address:_____
Phone:_____ Email: _____
Purpose:_____

Date:_____ Time In:_____ Time Out:_____
Name:_____
Address:_____
Phone:_____ Email: _____
Purpose:_____

Date:_____ Time In:_____ Time Out:_____
Name:_____
Address:_____
Phone:_____ Email: _____
Purpose:_____

Date:_____ Time In:_____ Time Out:_____
Name:_____
Address:_____
Phone:_____ Email: _____
Purpose:_____

Date:_____ Time In:_____ Time Out:_____
Name:_____
Address:_____
Phone:_____ Email: _____
Purpose:_____

Please Sign In - Thank You

Date:_____ Time In:_____ Time Out:_____
Name:_____
Address:_____
Phone:_____ Email: _____
Purpose:_____

Date:_____ Time In:_____ Time Out:_____
Name:_____
Address:_____
Phone:_____ Email: _____
Purpose:_____

Date:_____ Time In:_____ Time Out:_____
Name:_____
Address:_____
Phone:_____ Email: _____
Purpose:_____

Date:_____ Time In:_____ Time Out:_____
Name:_____
Address:_____
Phone:_____ Email: _____
Purpose:_____

Date:_____ Time In:_____ Time Out:_____
Name:_____
Address:_____
Phone:_____ Email: _____
Purpose:_____

Date:_____ Time In:_____ Time Out:_____
Name:_____
Address:_____
Phone:_____ Email: _____
Purpose:_____

Please Sign In - Thank You

Date:_____ Time In:_____ Time Out:_____
Name:_____
Address:_____
Phone:_____ Email:_____
Purpose:_____

Date:_____ Time In:_____ Time Out:_____
Name:_____
Address:_____
Phone:_____ Email:_____
Purpose:_____

Date:_____ Time In:_____ Time Out:_____
Name:_____
Address:_____
Phone:_____ Email:_____
Purpose:_____

Date:_____ Time In:_____ Time Out:_____
Name:_____
Address:_____
Phone:_____ Email:_____
Purpose:_____

Date:_____ Time In:_____ Time Out:_____
Name:_____
Address:_____
Phone:_____ Email:_____
Purpose:_____

Date:_____ Time In:_____ Time Out:_____
Name:_____
Address:_____
Phone:_____ Email:_____
Purpose:_____

Please Sign In - Thank You

Date:_____ Time In:_____ Time Out:_____
Name:_____
Address:_____
Phone:_____ Email: _____
Purpose:_____

Date:_____ Time In:_____ Time Out:_____
Name:_____
Address:_____
Phone:_____ Email: _____
Purpose:_____

Date:_____ Time In:_____ Time Out:_____
Name:_____
Address:_____
Phone:_____ Email: _____
Purpose:_____

Date:_____ Time In:_____ Time Out:_____
Name:_____
Address:_____
Phone:_____ Email: _____
Purpose:_____

Date:_____ Time In:_____ Time Out:_____
Name:_____
Address:_____
Phone:_____ Email: _____
Purpose:_____

Date:_____ Time In:_____ Time Out:_____
Name:_____
Address:_____
Phone:_____ Email: _____
Purpose:_____

Please Sign In - Thank You

Date:_____ Time In:_____ Time Out:_____
Name:_____
Address:_____
Phone:_____ Email: _____
Purpose:_____

Date:_____ Time In:_____ Time Out:_____
Name:_____
Address:_____
Phone:_____ Email: _____
Purpose:_____

Date:_____ Time In:_____ Time Out:_____
Name:_____
Address:_____
Phone:_____ Email: _____
Purpose:_____

Date:_____ Time In:_____ Time Out:_____
Name:_____
Address:_____
Phone:_____ Email: _____
Purpose:_____

Date:_____ Time In:_____ Time Out:_____
Name:_____
Address:_____
Phone:_____ Email: _____
Purpose:_____

Date:_____ Time In:_____ Time Out:_____
Name:_____
Address:_____
Phone:_____ Email: _____
Purpose:_____

Please Sign In - Thank You

Date:_____ Time In:_____ Time Out:_____
Name:_____
Address:_____
Phone:_____ Email: _____
Purpose:_____

Date:_____ Time In:_____ Time Out:_____
Name:_____
Address:_____
Phone:_____ Email: _____
Purpose:_____

Date:_____ Time In:_____ Time Out:_____
Name:_____
Address:_____
Phone:_____ Email: _____
Purpose:_____

Date:_____ Time In:_____ Time Out:_____
Name:_____
Address:_____
Phone:_____ Email: _____
Purpose:_____

Date:_____ Time In:_____ Time Out:_____
Name:_____
Address:_____
Phone:_____ Email: _____
Purpose:_____

Date:_____ Time In:_____ Time Out:_____
Name:_____
Address:_____
Phone:_____ Email: _____
Purpose:_____

Please Sign In - Thank You

Date:_____ Time In:_____ Time Out:_____
Name:_____
Address:_____
Phone:_____ Email:_____
Purpose:_____

Date:_____ Time In:_____ Time Out:_____
Name:_____
Address:_____
Phone:_____ Email:_____
Purpose:_____

Date:_____ Time In:_____ Time Out:_____
Name:_____
Address:_____
Phone:_____ Email:_____
Purpose:_____

Date:_____ Time In:_____ Time Out:_____
Name:_____
Address:_____
Phone:_____ Email:_____
Purpose:_____

Date:_____ Time In:_____ Time Out:_____
Name:_____
Address:_____
Phone:_____ Email:_____
Purpose:_____

Date:_____ Time In:_____ Time Out:_____
Name:_____
Address:_____
Phone:_____ Email:_____
Purpose:_____

Please Sign In - Thank You

Date:_____ Time In:_____ Time Out:_____
Name:_____
Address:_____
Phone:_____ Email: _____
Purpose:_____

Date:_____ Time In:_____ Time Out:_____
Name:_____
Address:_____
Phone:_____ Email: _____
Purpose:_____

Date:_____ Time In:_____ Time Out:_____
Name:_____
Address:_____
Phone:_____ Email: _____
Purpose:_____

Date:_____ Time In:_____ Time Out:_____
Name:_____
Address:_____
Phone:_____ Email: _____
Purpose:_____

Date:_____ Time In:_____ Time Out:_____
Name:_____
Address:_____
Phone:_____ Email: _____
Purpose:_____

Date:_____ Time In:_____ Time Out:_____
Name:_____
Address:_____
Phone:_____ Email: _____
Purpose:_____

Please Sign In - Thank You

Date:_____ Time In:_____ Time Out:_____
Name:_____
Address:_____
Phone:_____ Email: _____
Purpose:_____

Date:_____ Time In:_____ Time Out:_____
Name:_____
Address:_____
Phone:_____ Email: _____
Purpose:_____

Date:_____ Time In:_____ Time Out:_____
Name:_____
Address:_____
Phone:_____ Email: _____
Purpose:_____

Date:_____ Time In:_____ Time Out:_____
Name:_____
Address:_____
Phone:_____ Email: _____
Purpose:_____

Date:_____ Time In:_____ Time Out:_____
Name:_____
Address:_____
Phone:_____ Email: _____
Purpose:_____

Date:_____ Time In:_____ Time Out:_____
Name:_____
Address:_____
Phone:_____ Email: _____
Purpose:_____

Please Sign In - Thank You

Date:_____ Time In:_____ Time Out:_____
Name:_____
Address:_____
Phone:_____ Email: _____
Purpose:_____

Date:_____ Time In:_____ Time Out:_____
Name:_____
Address:_____
Phone:_____ Email: _____
Purpose:_____

Date:_____ Time In:_____ Time Out:_____
Name:_____
Address:_____
Phone:_____ Email: _____
Purpose:_____

Date:_____ Time In:_____ Time Out:_____
Name:_____
Address:_____
Phone:_____ Email: _____
Purpose:_____

Date:_____ Time In:_____ Time Out:_____
Name:_____
Address:_____
Phone:_____ Email: _____
Purpose:_____

Date:_____ Time In:_____ Time Out:_____
Name:_____
Address:_____
Phone:_____ Email: _____
Purpose:_____

Please Sign In - Thank You

Date:_____ Time In:_____ Time Out:_____
Name:_____
Address:_____
Phone:_____ Email: _____
Purpose:_____

Date:_____ Time In:_____ Time Out:_____
Name:_____
Address:_____
Phone:_____ Email: _____
Purpose:_____

Date:_____ Time In:_____ Time Out:_____
Name:_____
Address:_____
Phone:_____ Email: _____
Purpose:_____

Date:_____ Time In:_____ Time Out:_____
Name:_____
Address:_____
Phone:_____ Email: _____
Purpose:_____

Date:_____ Time In:_____ Time Out:_____
Name:_____
Address:_____
Phone:_____ Email: _____
Purpose:_____

Date:_____ Time In:_____ Time Out:_____
Name:_____
Address:_____
Phone:_____ Email: _____
Purpose:_____

Please Sign In - Thank You

Date:_____ Time In:_____ Time Out:_____
Name:_____
Address:_____
Phone:_____ Email: _____
Purpose:_____

Date:_____ Time In:_____ Time Out:_____
Name:_____
Address:_____
Phone:_____ Email: _____
Purpose:_____

Date:_____ Time In:_____ Time Out:_____
Name:_____
Address:_____
Phone:_____ Email: _____
Purpose:_____

Date:_____ Time In:_____ Time Out:_____
Name:_____
Address:_____
Phone:_____ Email: _____
Purpose:_____

Date:_____ Time In:_____ Time Out:_____
Name:_____
Address:_____
Phone:_____ Email: _____
Purpose:_____

Date:_____ Time In:_____ Time Out:_____
Name:_____
Address:_____
Phone:_____ Email: _____
Purpose:_____

Please Sign In - Thank You

Date:_____ Time In:_____ Time Out:_____
Name:_____
Address:_____
Phone:_____ Email:_____
Purpose:_____

Date:_____ Time In:_____ Time Out:_____
Name:_____
Address:_____
Phone:_____ Email:_____
Purpose:_____

Date:_____ Time In:_____ Time Out:_____
Name:_____
Address:_____
Phone:_____ Email:_____
Purpose:_____

Date:_____ Time In:_____ Time Out:_____
Name:_____
Address:_____
Phone:_____ Email:_____
Purpose:_____

Date:_____ Time In:_____ Time Out:_____
Name:_____
Address:_____
Phone:_____ Email:_____
Purpose:_____

Date:_____ Time In:_____ Time Out:_____
Name:_____
Address:_____
Phone:_____ Email:_____
Purpose:_____

www.ingramcontent.com/pod-product-compliance
Lightning Source LLC
Chambersburg PA
CBHW081007170526
45158CB00010B/2938